Impressum
Verlag: BABADADA GmbH, Nedderfeld 112 , 22529 Hamburg
Geschäftsführer / Verlagsleitung: Harald Hof
Druck: Books on Demand GmbH, In de Tarpen 42, 22848 Norderstedt

Imprint
Publisher: BABADADA GmbH, Nedderfeld 112 , 22529 Hamburg, Germany
Managing Director / Publishing direction: Harald Hof
Print: Books on Demand GmbH, In de Tarpen 42, 22848 Norderstedt, Germany

مدرسه

school

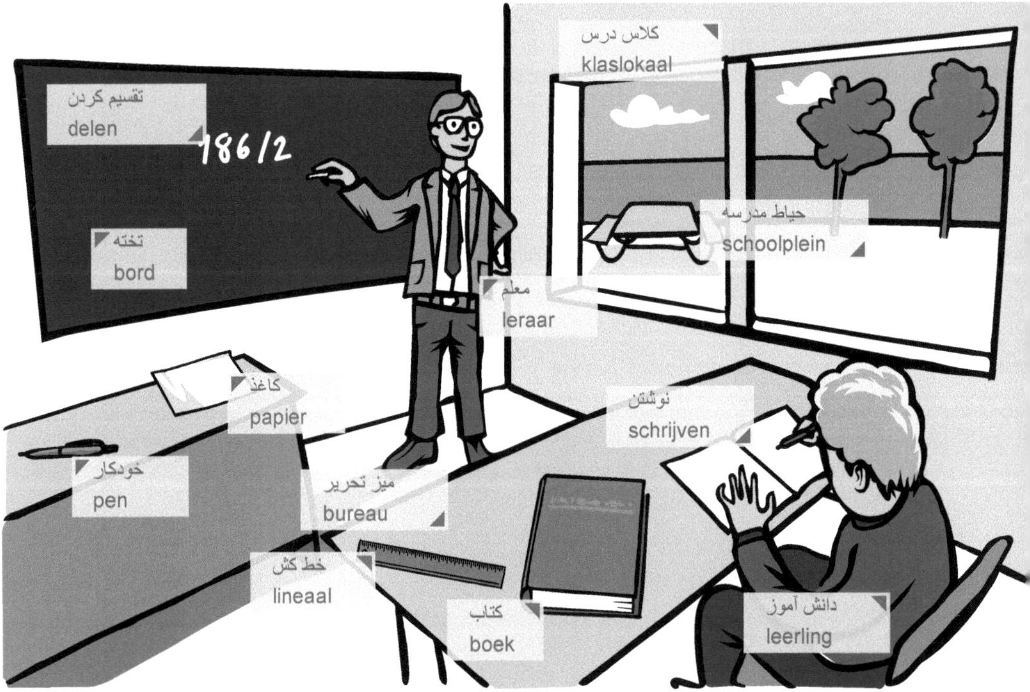

کلاس درس
klaslokaal
تقسیم کردن
delen
186/2
تخته
bord
حیاط مدرسه
schoolplein
معلم
leraar
کاغذ
papier
نوشتن
schrijven
خودکار
pen
میز تحریر
bureau
خط کش
lineaal
کتاب
boek
دانش آموز
leerling

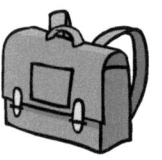

گیف مدرسه

schooltas

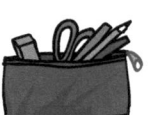

جامدادی

etui

مداد

potlood

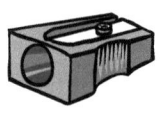

تراش

puntenslijper

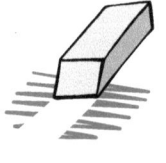

پاک کن

gum

دفتر رسم

schetsblok

طراحی

tekening

قلم مو

penseel

جعبه ی آبرنگ

verfdoos

قیچی

schaar

چسب

lijm

کتاب تمرین

schrift

تکلیف خانه

huiswerk

12

رقم

getal

2+2

جمع کردن

optellen

5-2

تفریق کردن

aftrekken

2×2

ضرب کردن

vermenigvuldigen

محاسبه کردن

rekenen

A

حرف الفبا

letter

ABCDEFG
HIJKLMN
OPQRSTU
VWXYZ

الفبا

alfabet

hello

کلمه

woord

متن

tekst

خواندن

lezen

گچ

krijt

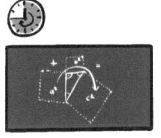

درس

les

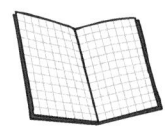

ثبت نام

klassenboek

امتحان

examen

مدرک رسمی

diploma

لباس مدرسه

schooluniform

تحصیلات

opleiding

دانشنامه

encyclopedie

دانشگاه

universiteit

میکروسکوپ

microscoop

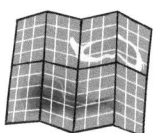

نقشه

kaart

سبد کاغذ باطله

prullenmand

سفر
reis

هتل
hotel
مسافرخانه
hostel
صرافی
wisselkantoor
چمدان
koffer
اتومبيل
auto

زبان

taal

بله / خير

ja / nee

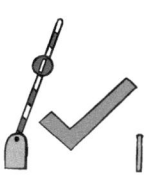

اکی

oké

سلام

Hallo!

مترجم

tolk

ممنون

Bedankt.

قیمت ... چه قدر است؟

Wat kost ...?

من متوجه نمی شوم

Ik begrijp het niet.

مشکل

probleem

عصر بخیر! / شب بخیر!

Goedenavond!

صبح بخیر!

Goedemorgen!

شب بخیر!

Goedenacht!

خدانگهدار

Tot ziens!

جهت

richting

بار سفر

bagage

کیف

tas

کوله پشتی

rugzak

مهمان

gast

اتاق

kamer

کیسه خواب

slaapzak

خیمه

tent

مرکز راهنمای گردشگران
....
VVV-kantoor

ساحل
....
strand

کارت اعتباری
....
creditkaart

صبحانه
....
ontbijt

نهار
....
lunch

شام
....
diner

بلیط
....
kaartje

آسانسور
....
lift

مهر
....
postzegel

مرز
....
grens

گمرک
....
douane

سفارتخانه
....
ambassade

ویزا
....
visum

گذرنامه
....
paspoort

حمل و نقل

transport

هواپیما
vliegtuig
کشتی
schip
ماشین آتش نشانی
brandweerwagen
اتوبوس
bus
کامیون
vrachtauto
قایق موتوری
motorboot
دوچرخه
fiets
اتومبیل
auto

کشتی مسافربری

veerboot

قایق

boot

موتورسیکلت

motorfiets

ماشین پلیس

politiewagen

ماشین مسابقه

raceauto

ماشین کرایه ای

huurauto

به اشتراک گذاری اتوموبیل

carsharing

جرثقیل

takelwagen

ماشین حمل زباله

vuilniswagen

موتور

motor

بنزین

benzine

پمپ بنزین

benzinepomp

تابلو راهنمایی و رانندگی

verkeersbord

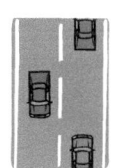

عبور و مرور

verkeer

ترافیک

file

پارکینگ

parkeerplaats

ایستگاه قطار

station

ریل راه آهن

rails

قطار

trein

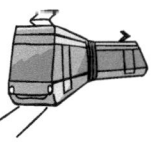

قطار برقی

tram

واگن

wagon

هلیکوپتر

helikopter

فرودگاه

luchthaven

برج

toren

مسافر

passagier

کانتینر

container

کارتن

verhuisdoos

گاری

kar

سبد

mand

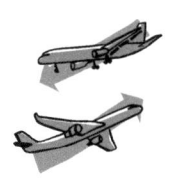

به پرواز درآمدن / فرود آمدن

opstijgen / landen

شهر

stad

دهکده

dorp

مرکز شهر

stadscentrum

خانه

huis

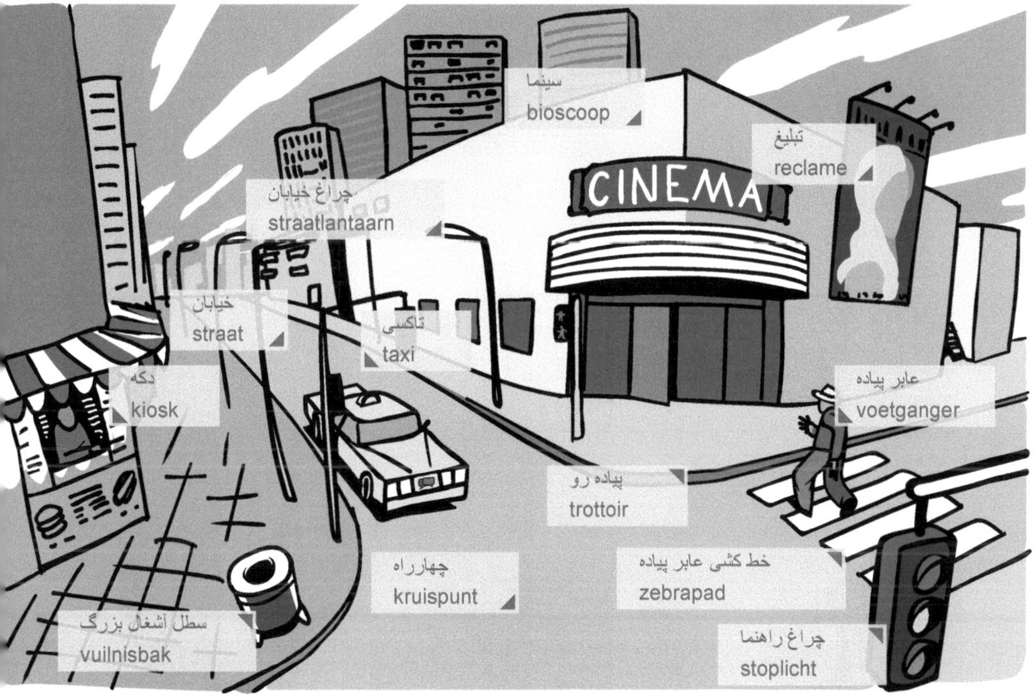

سینما
bioscoop

تبلیغ
reclame

چراغ خیابان
straatlantaarn

خیابان
straat

تاکسی
taxi

دکه
kiosk

عابر پیاده
voetganger

پیاده رو
trottoir

چهارراه
kruispunt

خط کشی عابر پیاده
zebrapad

سطل آشغال بزرگ
vuilnisbak

چراغ راهنما
stoplicht

کلبه
....
hut

آپارتمان
....
appartement

ایستگاه قطار
....
station

ساختمان شهرداری
....
stadhuis

موزه
....
museum

مدرسه
....
school

دانشگاه

universiteit

بانک

bank

بیمارستان

ziekenhuis

هتل

hotel

داروخانه

apotheek

اداره

kantoor

کتابفروشی

boekenwinkel

مغازه

winkel

گل فروشی

bloemenwinkel

سوپرمارکت

supermarkt

بازار

markt

فروشگاه بزرگ

warenhuis

ماهی فروش

visboer

مرکز خرید

winkelcentrum

بندر

haven

پارک
....
park

نیمکت
....
bank

پل
....
brug

پله
....
trap

مترو
....
metro

تونل
....
tunnel

ایستگاه اتوبوس
....
bushalte

میخانه
....
bar

رستوران
....
restaurant

صندوق پست
....
brievenbus

تابلوی خیابان
....
straatnaambord

دستگاه پارکومتر
....
parkeermeter

باغ وحش
....
dierentuin

استخر شنای عمومی
....
zwembad

مسجد
....
moskee

مزرعه

boerderij

آلودگی محیط زیست

vervuiling

قبرستان

begraafplaats

کلیسا

kerk

زمین بازی

speelplaats

معبد

tempel

چشم انداز

landschap

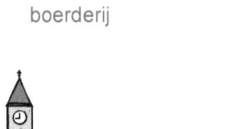

برگ
blad

تابلوی راهنمای مسیر
wegwijzer

راه
weg

چمنزار
weide

سنگ
steen

درخت
boom

راه نورد
wandelaar

رودخانه
rivier

چمن
gras

گل
bloem

دره

vallei

تپه

berg

دریاچه

meer

جنگل

bos

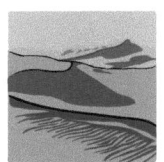

بیابان

woestijn

کوه آتشفشان

vulkaan

قلعه

kasteel

رنگین کمان

regenboog

قارچ

paddenstoel

درخت نخل

palmboom

پشه

mug

مگس

vlieg

مورچه

mier

زنبور

bij

عنکبوت

spin

سوسک

kever

قورباغه

kikker

سنجاب

eekhoorn

جوجه تیغی

egel

خرگوش صحرایی

haas

جغد

uil

پرنده

vogel

قو

zwaan

گراز

wild zwijn

گوزن نر

hert

گوزن شمالی

eland

سد آب

stuwdam

توربین بادی

windmolen

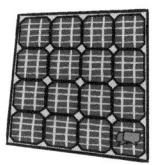

صفحه ی خورشیدی

zonnepaneel

آب و هوا

klimaat

رستوران
restaurant

ober
منوی غذا
menu
صندلی
stoel
سوپ
soep
پیتزا
pizza
رومیزی
tafelkleed
سرویس کارد و قاشق و چنگال
bestek

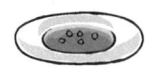

پیش‌غذا

voorgerecht

غذای اصلی

hoofdgerecht

دسر

toetje

نوشیدنی ها

dranken

غذا

eten

بطری

fles

فست فود

fastfood

اغذیه خیابانی

eetkraampje

قوری

theepot

قندان

suikerpot

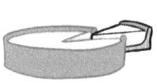

پُرس غذا

portie

دستگاه اسپرسو

espressomachine

صندلی پایه بلند غذاخوری بچه

kinderstoel

صورتحساب

rekening

سینی

dienblad

چاقو

mes

چنگال

vork

قاشق

lepel

قاشق چایخوری

theelepel

دستمال سفره

servet

لیوان

glas

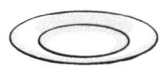

بشقاب
....
bord

بشقاب سوپخوری
....
soepbord

نعلبکی
....
schotel

سس
....
saus

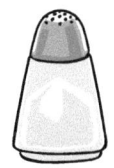

نمکدان
....
zoutvaatje

فلفل ساب
....
pepermolen

سرکه
....
azijn

روغن خوراکی
....
olie

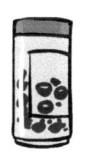

ادویه جات
....
kruiden

سس کچاپ
....
ketchup

سس خردل
....
mosterd

سس مایونز
....
mayonaise

سوپرمارکت
supermarkt

پیشنهاد ویژه
aanbieding
مشتری
klant
لبنیات
zuivelproducten
میوه جات
fruit
چرخ دستی خرید
winkelwagen

قصابی

slager

نانوایی

bakkerij

وزن کردن

wegen

سبزیجات

groente

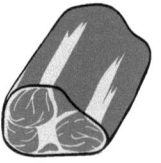

گوشت

vlees

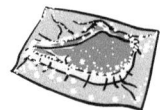

غذای منجمد

diepvriesproducten

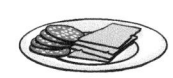

مخلوطی از انواع کالباس یا پنیر که
ورقه ای بریده شده باشند
....
vleeswaren

غذای کنسروی
....
conserven

پودر لباسشویی
....
wasmiddel

شیرینی جات
....
snoepgoed

لوازم خانگی
....
huishoudelijke artikelen

ماده شوینده و پاک کننده
....
schoonmaakmiddel

فروشنده
....
verkoopster

صندوق پرداخت
....
kassa

صندوقدار
....
kassier

لیست خرید
....
boodschappenlijstje

ساعات کار
....
openingstijden

کیف پول
....
portefeuille

کارت اعتباری
....
creditkaart

کیف
....
tas

کیسه ی پلاستیکی
....
plastic zak

نوشیدنی ها

dranken

آب

water

آبمیوه

sap

شیر

melk

نوشابه کوکاکولا

cola

شراب

wijn

آبجو

bier

الکل

alcohol

کاکائو

chocolademelk

چای

thee

قهوه

koffie

قهوه اسپرسو

espresso

کاپوچینو

cappuccino

موز

banaan

سیب

appel

پرتقال

sinaasappel

انواع هندوانه و خربزه

watermeloen

لیمو

citroen

هویج

wortel

سیر

knoflook

نی بامبو

bamboe

پیاز

ui

قارچ

paddenstoel

آجیل

noten

ماکارونی

pasta

اسپاگتی
....
spaghetti

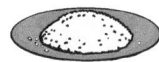

برنج
....
rijst

سالاد
....
salade

سیب زمینی سرخ کرده
....
friet

سیب زمینی سرخ شده
....
gebakken aardappelen

پیتزا
....
pizza

همبرگر
....
hamburger

ساندویچ
....
sandwich

شنیتسل
....
schnitzel

ژامبون خوک
....
ham

سالامی
....
salami

سوسیس
....
worst

مرغ
....
kip

نوعی گوشت سرخ شده
....
gebraad

ماهی
....
vis

جوی پرک شده
....
havermout

نوعی صبحانه مخلوطی از برگه ذرت و
میوه های خشک شده و خشکبار که
معمولا با شیر خورده می شود
muesli

کورنفلکس
....
cornflakes

آرد
....
meel

کرواسان
....
croissant

نان بروتشن
....
broodjes

نان
....
brood

نان تست
....
toast

بیسکویت
....
koekjes

کره
....
boter

کشک
....
kwark

کیک
....
taart

تخم مرغ
....
ei

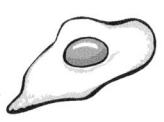

تخم مرغ نیمرو
....
gebakken ei

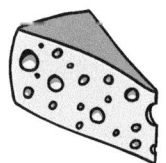

پنیر
....
kaas

بستنی

ijs

شکر

suiker

عسل

honing

مربا

jam

کرم شکلاتی بادامی

chocoladepasta

ادویه کاری

kerrie

مزرعه

boerderij

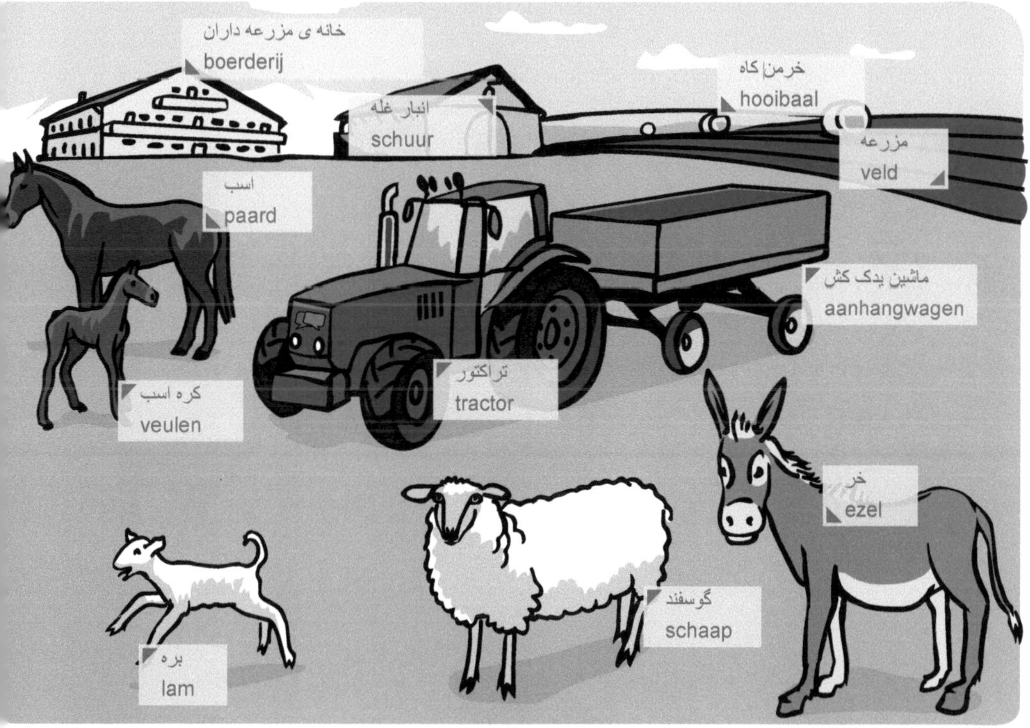

خانه ی مزرعه داران
boerderij
انبار غله
schuur
خرمن گاه
hooibaal
مزرعه
veld
اسب
paard
ماشین یدک کش
aanhangwagen
کره اسب
veulen
تراکتور
tractor
خر
ezel
گوسفند
schaap
بره
lam

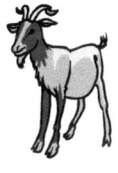

بز
geit

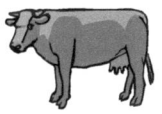

گاو ماده
koe

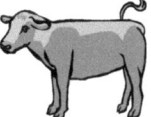

گوساله
kalf

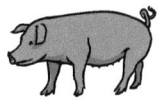

خوک
varken

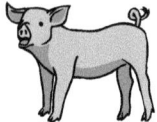

بچه خوک
big

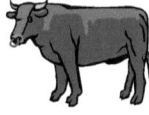

گاو نر
stier

غاز
....
gans

اردک
....
eend

جوجه
....
kuiken

مرغ
....
kip

خروس
....
haan

موش صحرایی
....
rat

گربه
....
kat

موش
....
muis

گاو نر اخته
....
os

سگ
....
hond

لانه ی سگ
....
hondenhok

شلنگ باغبانی
....
tuinslang

آبپاش
....
gieter

داس دسته بلند
....
zeis

گاوآهن
....
ploeg

داس
....
sikkel

کج بیل
....
schoffel

چنگک باغبانی
....
hooivork

تبر
....
bijl

فرقون
....
kruiwagen

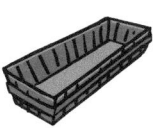

آبشخور
....
trog

بطری نگهداری شیر
....
melkbus

کیسه
....
zak

حصار
....
hek

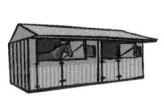

اصطبل
....
stal

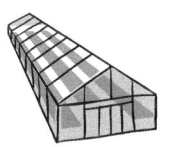

گلخانه
....
broeikas

خاک
....
grond

بذر
....
zaad

کود
....
mest

ماشین کمباین
....
maaidorser

برداشت کردن محصول
....
oogsten

محصول
....
oogst

تمیس
....
yam

گندم
....
tarwe

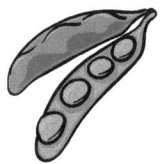

سویا
....
soja

سیب زمینی
....
aardappel

ذرت
....
maïs

کلزا
....
koolzaad

درخت میوه
....
fruitboom

گیاه مانیوک
....
maniok

غلات
....
granen

خانه

huis

دودکش
schoorsteen
پشت بام
dak
ناودان
regenpijp
پنجره
raam
گاراژ
garage
زنگ در
deurbel
در
deur
سطل آشغال
prullenbak
صندوق مراسلات
brievenbus
باغ
tuin

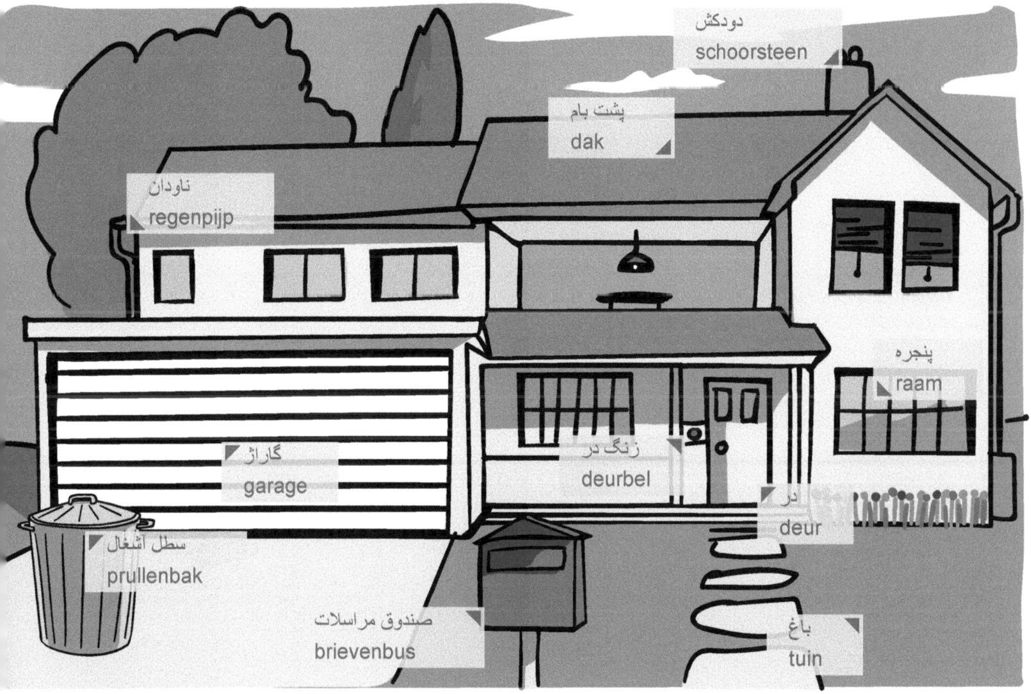

اتاق نشیمن

woonkamer

حمام

badkamer

آشپزخانه

keuken

اتاق خواب

slaapkamer

اتاق بچه

kinderkamer

ناهارخوری

eetkamer

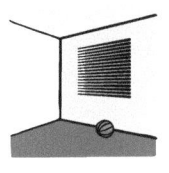

کف زمین

vloer

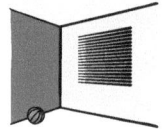

دیوار

muur

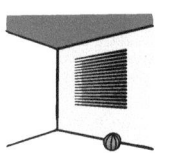

سقف

plafond

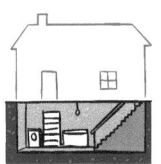

زیرزمین

kelder

سونا

sauna

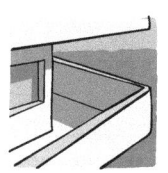

بالکن

balkon

تراس

terras

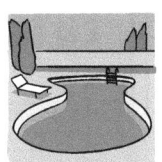

استخر

zwembad

ماشین چمن‌زنی

grasmaaier

ملافه

laken

روتختی

bedsprei

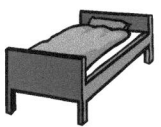

تخت خواب

bed

جارو

bezem

سطل

emmer

سویچ یا کلید

schakelaar

اتاق نشیمن

woonkamer

کاغذ دیواری
behang
عکس
foto
لامپ
lamp
قفسه
plank
کابینت
kast
تلویزیون
televisie
شومینه
open haard
گل
bloem
کوسن
kussen
کاناپه
bankstel
گلدان
vaas
کنترل تلویزیون و ویدئو و غیره
afstandsbediening

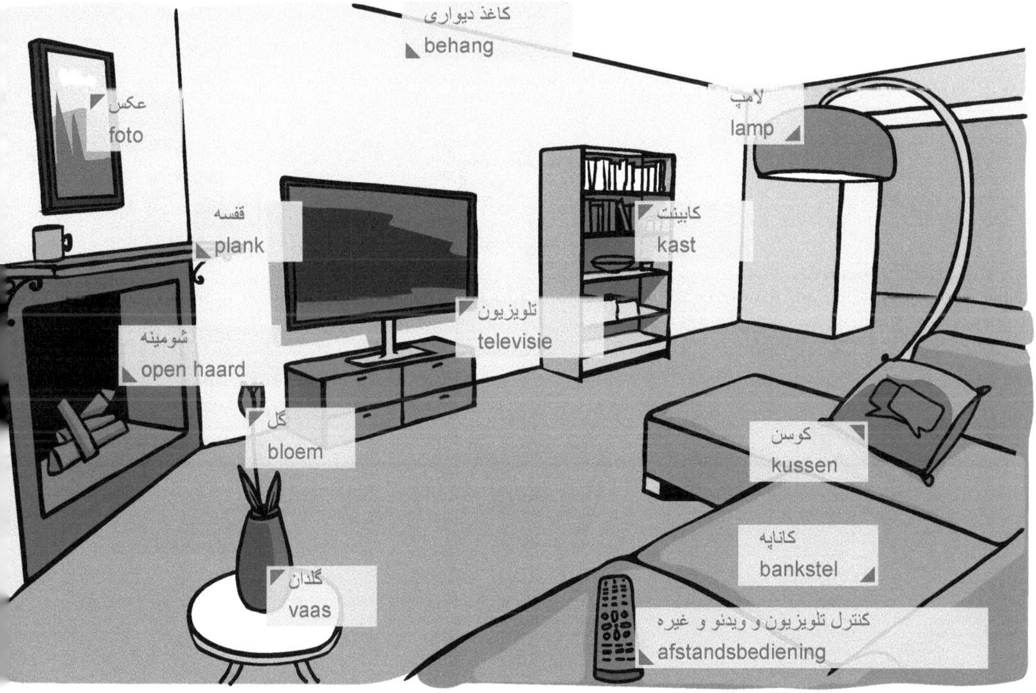

فرش

tapijt

پرده

gordijn

میز

tafel

صندلی

stoel

صندلی گهواره ایی

schommelstoel

صندلی راحتی

stoel

كتاب

boek

لحاف

deken

دكوراسيون

decoratie

هيزم

brandhout

فيلم

film

دستگاه ضبط صوت

stereo-installatie

كليد

sleutel

روزنامه

krant

تابلو نقاشى

schilderij

پوستر

poster

راديو

radio

دفترچه يادداشت

kladblok

جاروبرقى

stofzuiger

كاكتوس

cactus

شمع

kaars

آشپزخانه
keuken

یخچال
koelkast
ماکروویو
magnetron
keukenweegschaal
تُستر
toaster
ماده شوینده و پاک کننده
schoonmaakmiddel
فر خوراک پزی
oven
جایخی
vriesvak
سطل آشغال
prullenbak
ماشین ظرفشویی
vaatwasser

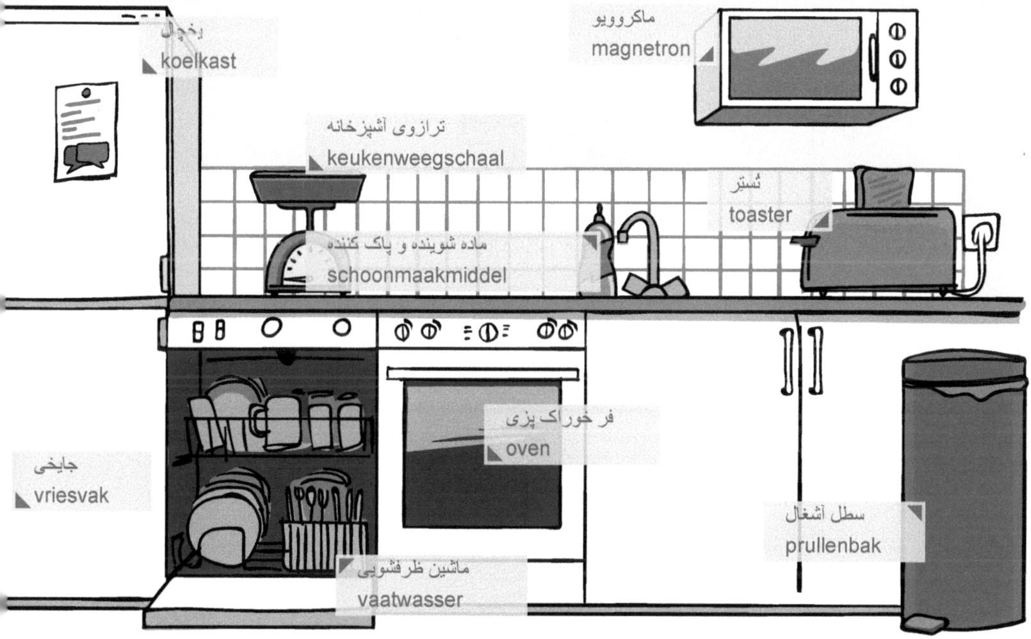

اجاق گاز
....
fornuis

قابلمه
....
pan

قابلمه چدنی
....
gietijzeren pan

ماهی تابه گود
....
wok / kadai

ماهی تابه
....
koekenpan

کتری
....
ketel

بخارپز

....

stoomkoker

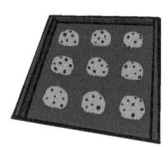

سینی فر

....

bakplaat

ظرف چینی آشپزخانه

....

servies

لیوان

....

beker

کاسه

....

kom

چاپستیک

....

eetstokjes

ملاقه

....

soeplepel

کفگیر

....

spatel

همزن

....

garde

آبکش

....

vergiet

آبکش

....

zeef

رنده

....

rasp

هاون

....

vijzel

باربیکیو

....

barbecue

محل مخصوص افروختن آتش

....

vuurhaard

تخته گوشت و سبزی

snijplank

وردنه

deegroller

در بطری بازکن

kurkentrekker

قوطی

blik

در قوطی بازکن

blikopener

دستگیره پارچه ای

pannenlap

سینک ظرفشویی

wasbak

برس گردگیری

borstel

اسفنج

spons

مخلوط کن

blender

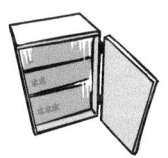

فریزر

vriezer

شیشه شیر بچه

babyflesje

شیر آب

kraan

حمام

badkamer

بخاری
verwarming
دوش
douche
حوله
handdoek
پرده ی حمام
douchegordijn
حمام کف
bubbelbad
وان حمام
bad
لیوان
glas
ماشین لباسشویی
wasmachine
کاشی
tegels
شیر آب
kraan
لگن دستشویی کودکان
potje
سینک ظرفشویی
wasbak

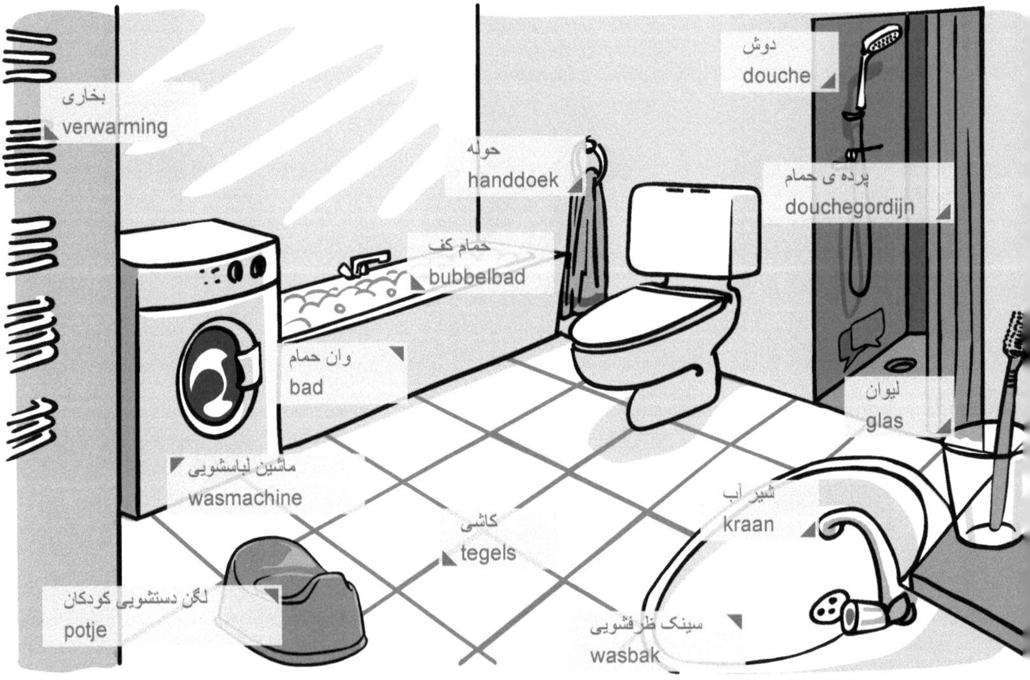

توالت

toilet

توالت ایرانی

hurktoilet

کاسه توالت

bidet

توالت مخصوص آقایان

urinoir

دستمال توالت

toiletpapier

فرچه توالت

toiletborstel

مسواک

tandenborstel

خمیردندان

tandpasta

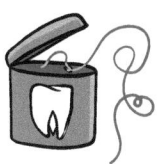

نخ دندان

flosdraad

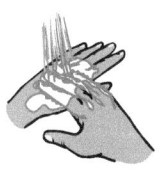

شستن

wassen

دوش آب تلفنی

handdouche

شلنگ توالت

toiletdouche

لگن روشویی

waskom

برس شست و شوی پشت

rugborstel

صابون

zeep

شامپو بدن

douchegel

شامپو

shampoo

لیف حمام

washanje

راه آب

afvoer

کرم

creme

اسپری دئودورانت

deodorant

آیینه
....
spiegel

آیینه ی کوچک دستی
....
make-upspiegel

تیغ ریش تراشی
....
scheermes

کف ریش‌تراشی
....
scheerschuim

افترشیو
....
aftershave

شانه ی سر
....
kam

برس
....
borstel

سشوار
....
haardroger

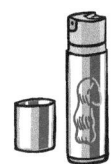

اسپری مو
....
haarspray

آرایش
....
make-up

رژلب
....
lippenstift

لاک ناخن
....
nagellak

پنبه
....
watten

قیچی ناخن
....
nagelschaartje

عطر
....
parfum

کیف لوازم آرایشی و بهداشتی

toilettas

چهارپایه

kruk

ترازو

weeqschaal

حوله ی پالتویی

badjas

دستکش ظرفشویی

rubber handschoenen

تامپون

tampon

نوار بهداشتی

maandverband

توالت سیار

chemisch toilet

اتاق بچه

kinderkamer

ساعت زنگدار
wekker
نوعی عروسک نرم به شکل حیوانات
knuffeldier
ماشین اسباب بازی
speelgoedauto
rammelaar
خانه ی عروسکی
poppenhuis
کادو
cadeau

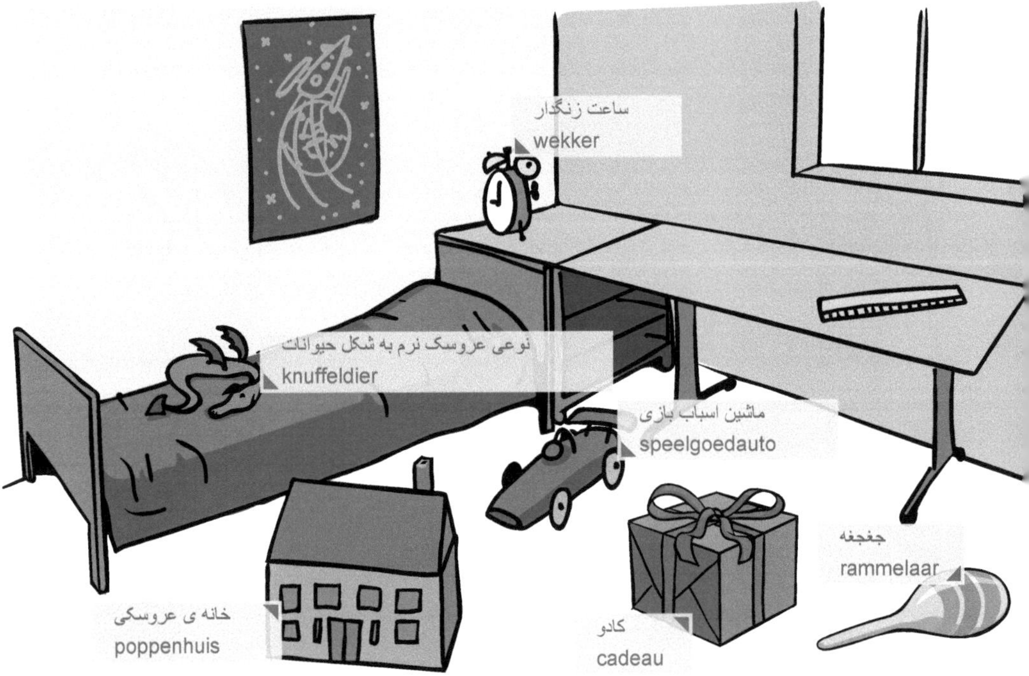

بادکنک

ballon

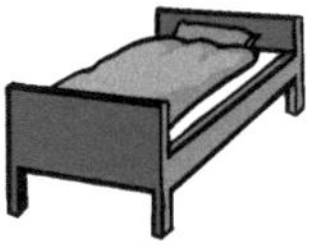

تخت خواب

bed

کالسکه بچه

kinderwagen

بازی ورق

kaartspel

پازل

puzzel

داستان مصور

stripverhaal

اسباب بازی لگو

leqostenen

خانه سازی

speelgoedblokken

عروسک شخصیت های فیلم و کارتون

actiefiguurtje

لباس نوزاد

romper

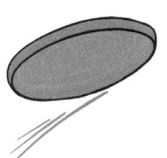

فریزبی

frisbee

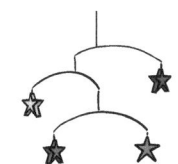

نوعی اسباب بازی که روی تخت نوزاد
یا کودک نصب می شود

mobile

بازی روی صفحه

bordspel

تاس

dobbelsteen

قطار اسباب بازی

modeltrein

پستانک

speen

مهمانی

feestje

کتاب مصور

prentenboek

توپ

bal

عروسک

pop

بازی کردن

spelen

جعبه شنی مخصوص بازی کودکان

zandbak

تاب

schommel

اسباب بازی

speelgoed

کنسول بازی های کامپیوتری

spelcomputer

سه چرخه

driewieler

خرس عروسکی

teddybeer

کمد لباس

kleerkast

لباس

kleding

جوراب

sokken

جوراب زنانه ساق بلند

kousen

جوراب شلواری

panty

شال
sjaal

چتر
paraplu

تی شرت
T-shirt

کمربند
riem

پوتین
laarzen

دمپایی
pantoffels

کفش ورزشی کتانی
sportschoenen

صندل
sandalen

کفش
schoenen

چکمه پلاستیکی
rubberlaarzen

شرت
onderbroek

سوتین
beha

جلیقه
onderhemd

بادی

body

شلوار

broek

جین

spijkerbroek

دامن

rok

بلوز

blouse

پیراهن

overhemd

پولیور

trui

سویی شرت

hoody

نوعی کت

blazer

ژاکت

jas

کت بلند

mantel

بارانی

regenjas

لباس نمایش

kostuum

لباس

jurk

لباس عروس

trouwjurk

كت و شلوار

pak

لباس خواب زنانه

nachthemd

پیژامه

pyjama

ساری

sari

روسری

hoofddoek

عمامه

tulband

برقع

boerka

قبا

kaftan

عبا

abaja

لباس شنا

zwempak

شرت شنا

zwembroek

شلوارک

korte broek

لباس ورزشی

trainingspak

پیشبند

schort

دستکش

handschoenen

دكمه

knoop

عینک

bril

دستبند

armband

گردنبند

ketting

انگشتر

ring

گوشواره

oorbel

کلاه لبه دار

pet

چوب لباسی

kledinghanger

کلاه

hoed

کراوات

stropdas

زیپ

rits

کلاه ایمنی

helm

بند شلوار

bretels

لباس مدرسه

schooluniform

لباس فرم

uniform

پیش بند بچه
....
slabbetje

پستانک
....
speen

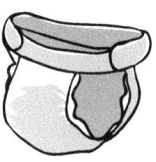

پوشک بچه
....
luier

اداره
kantoor

سرور
server
کمد نگهداری پرونده
archiefkast
چاپگر
printer
کاغذ
papier
مانیتور
beeldscherm
ماوس
muis
میز تحریر
bureau
زونکن
map
صفحه کلید
toetsenbord
صندلی
stoel
سبد کاغذ باطله
prullenmand
کامپیوتر
computer

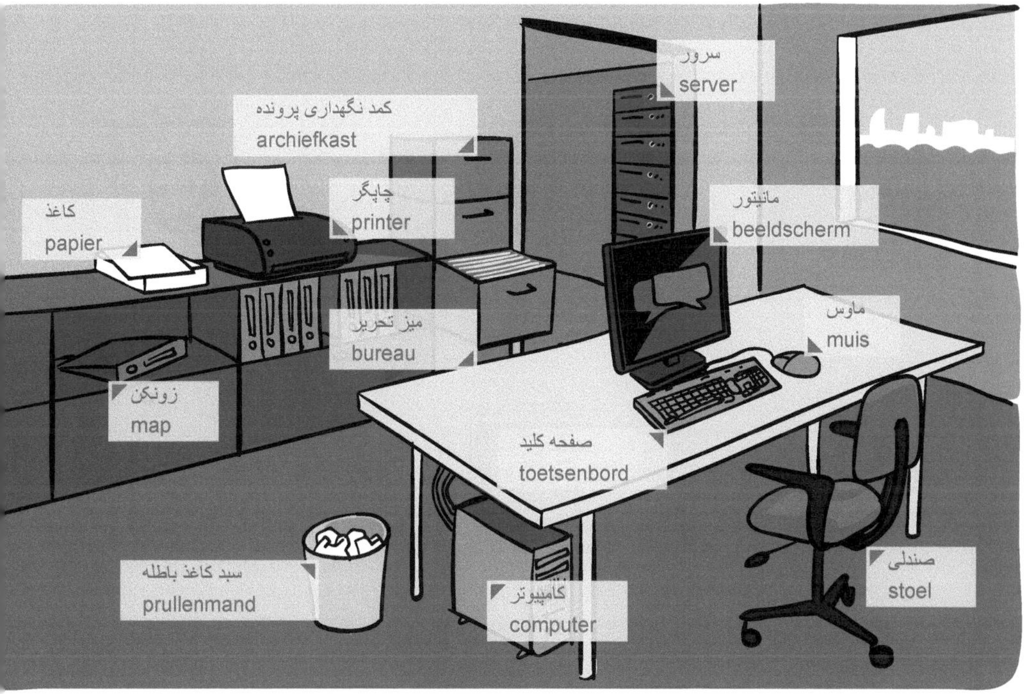

لیوان قهوه
....
koffiemok

ماشین حساب
....
rekenmachine

اینترنت
....
internet

لپ تاپ

laptop

نامه

brief

پیغام

bericht

تلفن همراه

mobiele telefoon

شبکه ی ارتباطی

netwerk

دستگاه فتوکپی

kopieermachine

نرم افزار

software

تلفن

telefoon

پریز

stopcontact

دستگاه فاکس

fax

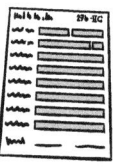

فرم

formulier

مدرک

document

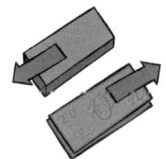

خریدن

kopen

پرداخت کردن

betalen

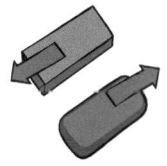

تجارت کردن

handel drijven

پول

geld

دلار

dollar

یورو

euro

ین

yen

روبل

roebel

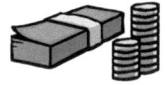

فرانک سوئیس

Zwitserse frank

یوان رنمینبی

renminbi yuan

روپیه

roepie

دستگاه خودپرداز

geldautomaat

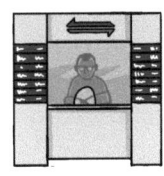

صرافی
wisselkantoor

طلا
goud

نقره
zilver

نفت
olie

انرژی
energie

قیمت
prijs

قرارداد
contract

مالیات
belasting

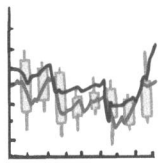

سهام سرمایه
aandeel

کار کردن
werken

کارمند
werknemer

کارفرما
werkgever

کارخانه
fabriek

مغازه
winkel

مشاغل

beroepen

مامور پلیس
politieagent
آتش نشان
brandweerman
آشپز
kok
دکتر
dokter
خلبان
piloot

باغبان

tuinman

نجار

timmerman

خیاط زنانه

naaister

قاضی

rechter

شیمیدان

scheikundige

بازیگر

toneelspeler

راننده اتوبوس

buschauffeur

راننده تاکسی

taxichauffeur

ماهیگیر

visser

نظافتچی زن

schoonmaakster

سقف ساز

dakdekker

پیشخدمت رستوران

ober

شکارچی

jager

نقاش

schilder

نانوا

bakker

برقکار

elektricien

کارگر ساختمانی

bouwvakker

مهندس

ingenieur

قصاب

slager

لوله کش

loodgieter

پستچی

postbode

سرباز

soldaat

معمار

architect

صندوقدار

kassier

گل فروش

bloemist

آرایشگر

kapper

مامور کنترل بلیط در قطار

conducteur

مکانیک

monteur

ناخدا

kapitein

دندانپزشک

tandarts

دانشمند

wetenschapper

عالم یهودی

rabbi

امام

imam

راهب

monnik

کشیش

pastoor

ابزارآلات

gereedschap

چکش
hamer
انبردست
tang
پیچ گوشتی
schroevendraaier
آچار
moersleutel
چراغ قوه
zaklamp

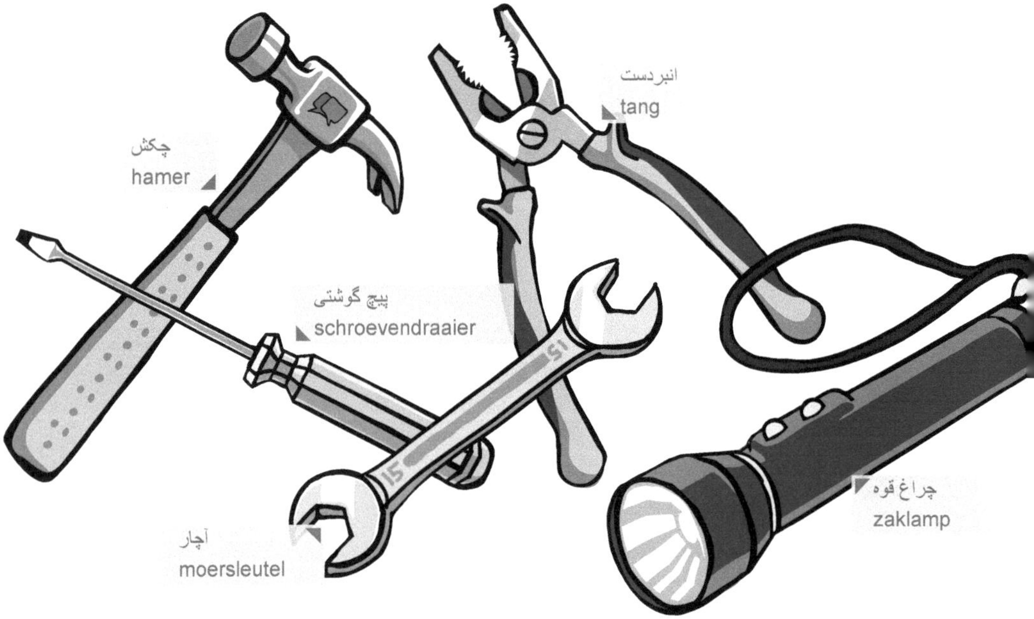

بیل مکانیکی

graafmachine

جعبه ابزار

gereedschapskist

نردبان

ladder

ارّه

zaag

میخ

spijkers

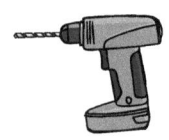

مته

boor

تعمیر کردن
....
repareren

بیل
....
schep

لعنتی!
....
Verdorie!

خاک انداز
....
stofblik

سطل رنگرزی
....
verfpot

پیچ
....
schroeven

آلات موسیقی
muziekinstrumenten

بلندگو
luidspreker
درامز
drumstel
گیتار
gitaar
کنترباس
contrabas
ترومپت
trompet

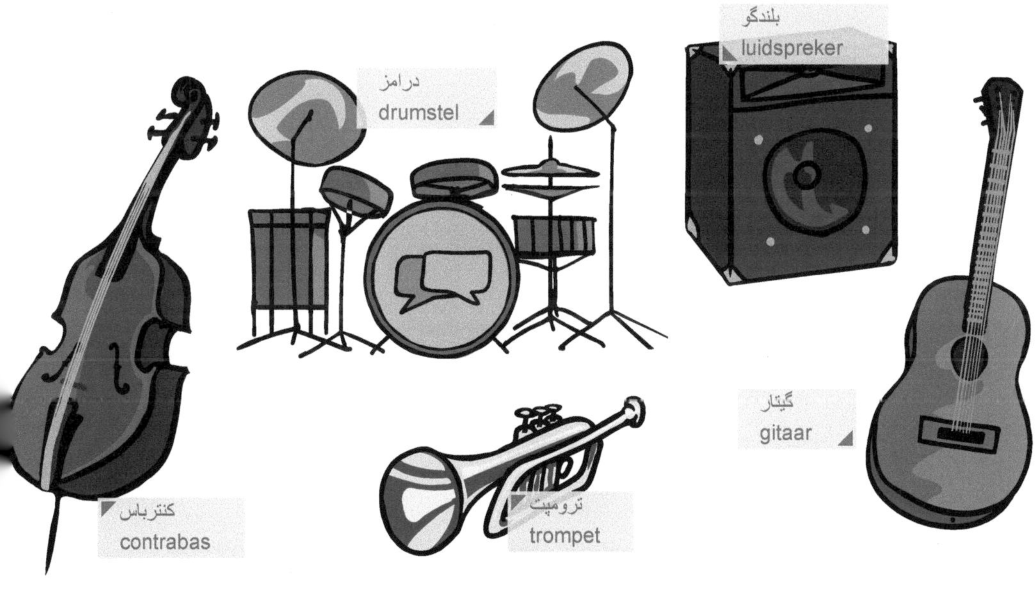

پیانو

piano

ویولن

viool

گیتار بیس

bas

تیمپانی

pauk

طبل

trommel

کیبورد الکتریک

keyboard

ساکسیفون

saxofoon

فلوت

fluit

میکروفون

microfoon

باغ وحش

dierentuin

ورودی
ingang
ببر
tijger
قفس
kooi
گورخر
zebra
خوراک حیوانات
dierenvoer
خرس پاندا
panda

حیوانات

dieren

فیل

olifant

کانگورو

kangoeroe

کرگدن

neushoorn

گوریل

gorilla

خرس

beer

شتر

kameel

شترمرغ

struisvogel

شیر

leeuw

میمون

aap

فلامینگو

flamingo

طوطی

papegaai

خرس قطبی

ijsbeer

پنگوئن

pinguïn

کوسه

haai

طاووس

pauw

مار

slang

تمساح

krokodil

نگهبان باغ وحش

dierenverzorger

خوک آبی

zeehond

پلنگ امریکایی

jaguar

اسب کوچک

pony

پلنگ

luipaard

اسب آبی

nijlpaard

زرافه

giraffe

عقاب

adelaar

گراز

wild zwijn

ماهی

vis

لاک پشت

schildpad

شیرماهی

walrus

روباه

vos

غزال

gazelle

ورزش ها

sport

فوتبال آمریکایی
American football
دوچرخه سواری
wielrennen
تنیس
tennis
بسکتبال
basketbal
شنا
zwemmen
هاکی روی یخ
ijshockey
بوکس
boksen

فوتبال
....
voetbal

بدمینتون
....
badminton

دوومیدانی
....
atletiek

هندبال
....
handbal

اسکی
....
skiën

پولو
....
polo

فعالیت ها
activiteiten

پریدن
springen
خندیدن
lachen
بغل کردن
knuffelen
راه رفتن
lopen
آواز خواندن
zingen
رؤیا دیدن
dromen
دعا کردن
bidden
بوسیدن
kussen

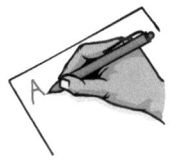

نوشتن
....
schrijven

رسم کردن
....
tekenen

نشان دادن
....
tonen

هل دادن
....
duwen

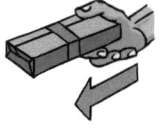

دادن
....
geven

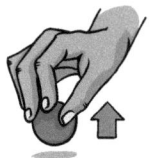

برداشتن
....
oppakken

داشتن

hebben

انجام دادن

doen

بودن

zijn

ایستادن

staan

دویدن

rennen

کشیدن

trekken

پرتاب کردن

gooien

افتادن

vallen

دراز کشیدن

liggen

منتظر بودن

wachten

حمل کردن

dragen

نشستن

zitten

لباس پوشیدن

aankleden

خوابیدن

slapen

بیدار شدن

wakker worden

تماشا کردن

bekijken

گریه کردن

huilen

نوازش کردن

strelen

شانه کردن

kammen

حرف زدن

praten

فهمیدن

begrijpen

پرسیدن

vragen

شنیدن

horen

آشامیدن

drinken

خوردن

eten

مرتب کردن

opruimen

عاشق بودن

houden van

پختن

koken

رانندگی کردن

rijden

پرواز کردن

vliegen

قایقرانی کردن

zeilen

محاسبه کردن

rekenen

خواندن

lezen

یاد گرفتن

leren

کار کردن

werken

ازدواج کردن

trouwen

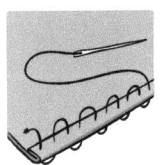

دوختن

naaien

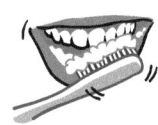

مسواک زدن

tandenpoetsen

کشتن

doden

سیگار کشیدن

roken

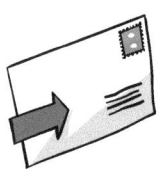

فرستادن

verzenden

خانواده

familie

مادربزرگ
grootmoeder
پدربزرگ
grootvader
پدر
vader
مادر
moeder
کودک
baby
فرزند دختر
dochter
فرزند پسر
zoon

مهمان

....

gast

خاله، عمه

....

tante

دایی، عمو

....

oom

برادر

....

broer

خواهر

....

zus

بدن

lichaam

پیشانی
voorhoofd
چشم
oog
شانه
schouder
انگشت دست
vinger
صورت
gezicht
چانه
kin
دست
hand
ساق پا
been
سینه
borst
بازو
arm

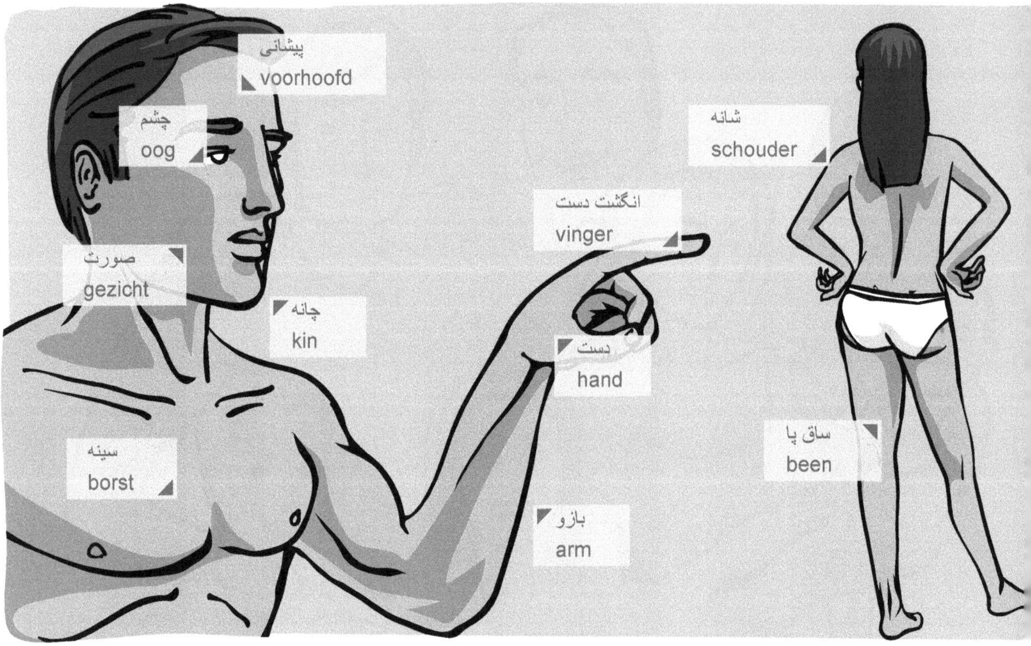

کودک

baby

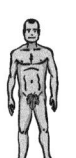

مرد

man

زن

vrouw

دختربچه

meisje

پسربچه

jongen

کله

hoofd

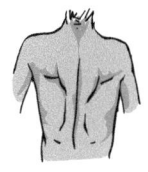

کمر
....
rug

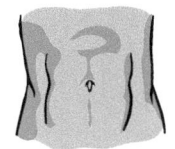

شکم
....
buik

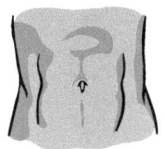

ناف
....
navel

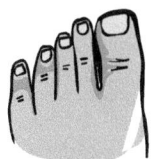

انگشت پا
....
teen

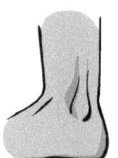

پاشنه
....
hiel

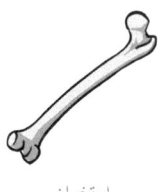

استخوان
....
bot

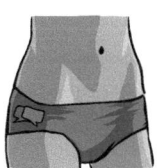

لگن
....
heup

زانو
....
knie

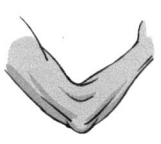

آرنج
....
elleboog

بینی
....
neus

نشیمنگاه
....
achterwerk

پوست
....
huid

گونه
....
wang

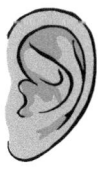

گوش
....
oor

لب
....
lippen

دهان

mond

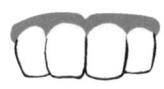

دندان

tand

زبان

tong

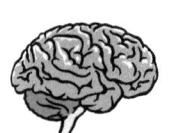

مغز

hersenen

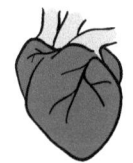

قلب

hart

عضله

spier

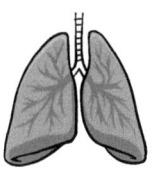

ریه

long

کبد

lever

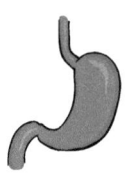

معده

maag

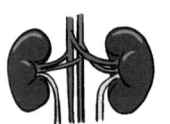

کلیه

nieren

آمیزش جنسی

geslachtsgemeenschap

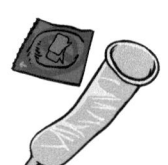

کاندوم

condoom

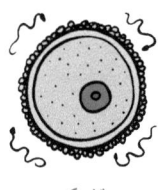

تخمک

eicel

اسپرم

sperma

حاملگی

zwangerschap

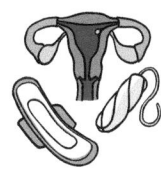

پریود
menstruatie

واژن
vagina

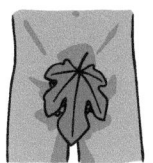

آلت تناسلی مرد
penis

ابرو
wenkbrauw

مو
haar

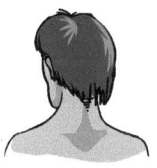

گردن
hals

بیمارستان
ziekenhuis

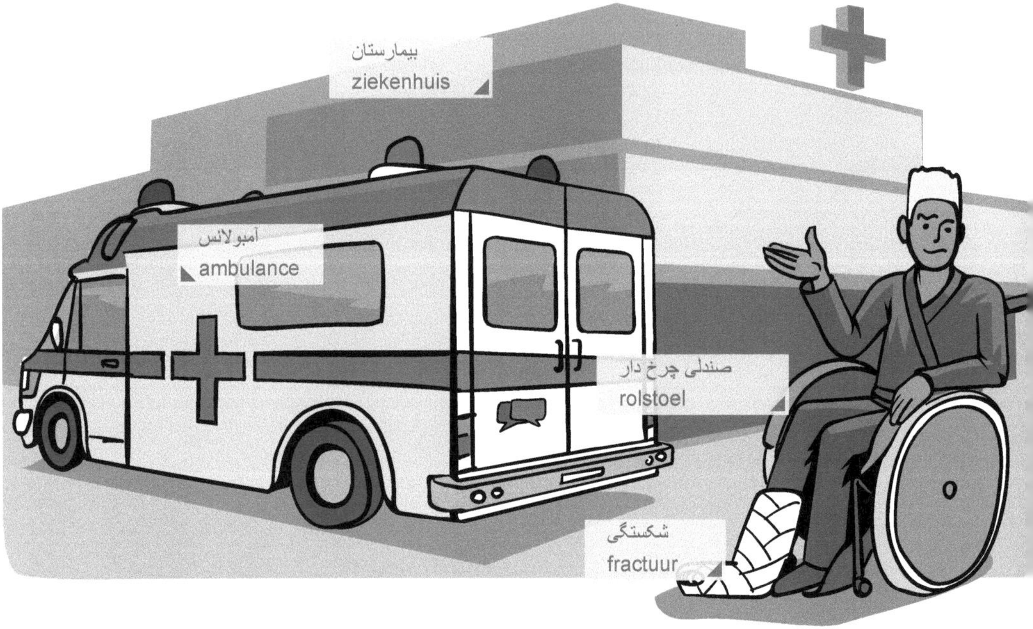

بیمارستان
ziekenhuis
آمبولانس
ambulance
صندلی چرخ دار
rolstoel
شکستگی
fractuur

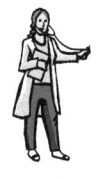

دکتر

dokter

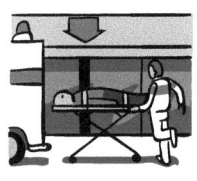

بخش اورژانس

EHBO

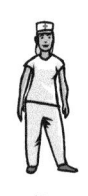

پرستار

verpleegster

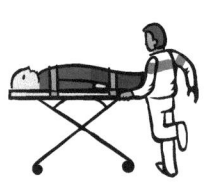

موقعیت اضطراری

noodgeval

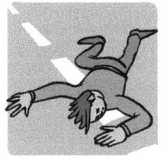

بی هوش

bewusteloos

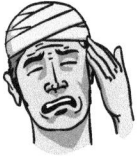

درد

pijn

مصدومیت

verwonding

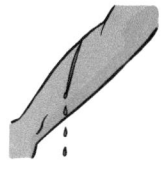

خونریزی

bloeding

سکته قلبی

hartaanval

سکته مغزی

beroerte

آلرژی

allergie

سرفه

hoest

تب

koorts

آنفولانزا

griep

اسهال

diarree

سردرد

hoofdpijn

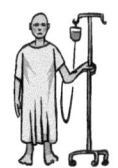

سرطان

kanker

دیابت

diabetes

جراح

chirurg

چاقوی جراحی

scalpel

عمل جراحی

operatie

سی تی اسکن

CT

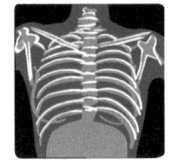

پرتونگاری

röntgen

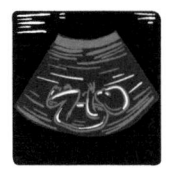

سونوگرافی

echografie

ماسک صورت

gezichtsmasker

بیماری

ziekte

اتاق انتظار

wachtkamer

چوب زیر بغل

kruk

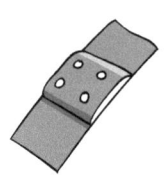

چسب زخم

pleister

پانسمان

verband

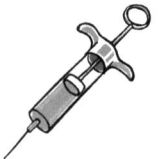

تزریق

injectie

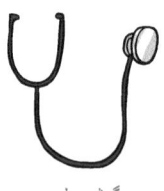

گوشی طبی

stethoscoop

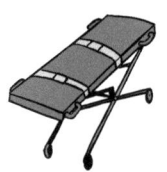

برانکار

brancard

دماسنج

thermometer

زایش

geboorte

اضافه وزن

overgewicht

سمعک
....
gehoorapparaat

ماده ضد غفونی کننده
....
ontsmettingsmiddel

عفونت
....
infectie

ویروس
....
virus

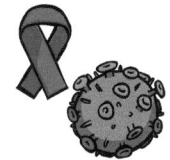

اچ آی وی / ایدز
....
HIV / AIDS

دارو
....
medicijn

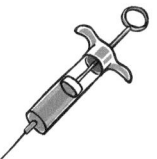

واکسیناسیون
....
inenting

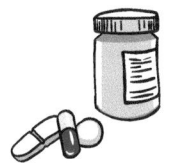

قرص
....
tabletten

قرص ضد حاملگی
....
pil

تماس اظطراری
....
alarmnummer

دستگاه اندازه گیری فشارخون
....
bloeddrukmeter

مریض / سالم
....
ziek / gezond

موقعیت اضطراری
noodgeval

کمک!

Help!

آژیر خطر

alarm

حمله

overval

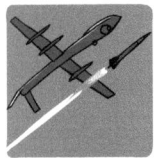

حمله ی فیزیکی

aanval

خطر

gevaar

خروج اظطراری

nooduitgang

آتش

Brand!

کپسول آتش‌نشانی

brandblusser

تصادف

ongeluk

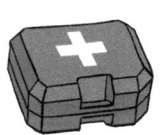

جعبه کمک های اولیه

EHBO-koffer

درخواست کمک

SOS

پلیس

politie

کره زمین
aarde

اروپا

Europa

آمریکای شمالی

Noord-Amerika

آمریکای جنوبی

Zuid-Amerika

آفریقا

Afrika

آسیا

Azië

استرالیا

Australië

اقیا نوس اطلس

Atlantische Oceaan

اقیانوس آرام

Stille Oceaan

اقیانوس هند

Indische Oceaan

اقیا نوس اطلس جنوبی

Zuidelijke Oceaan

اقیانوس منجمد شمالی

Noordelijke IJszee

قطب شمال

Noordpool

قطب جنوب

Zuidpool

قاره قطب جنوب

Antarctica

کره زمین

aarde

سرزمین

land

دریا

zee

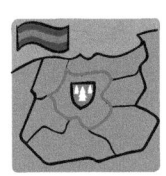

جزیره

eiland

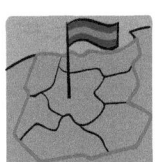

ملت

natie

کشور

staat

ساعت

klok

صفحه ی ساعت

....

wijzerplaat

ساعت شمار

....

uurwijzer

دقیقه شمار

....

minutenwijzer

ثانیه شمار

....

secondewijzer

ساعت چند است؟

....

Hoe laat is het?

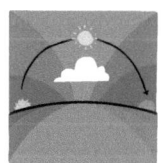

روز

....

dag

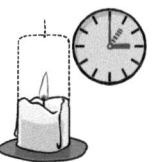

زمان

....

tijd

اکنون

....

nu

ساعت دیجیتال

....

digitaal horloge

دقیقه

....

minuut

ساعت

....

uur

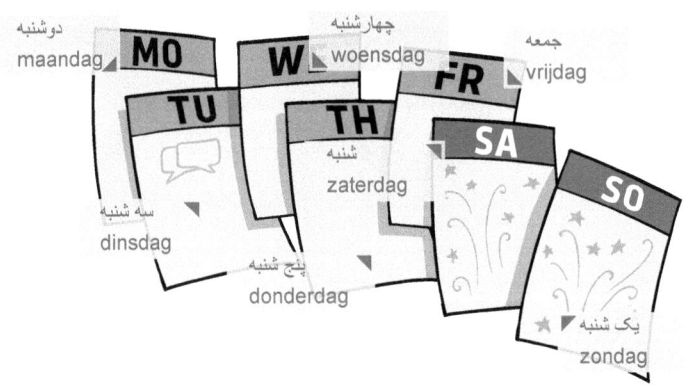

هفته

week

دوشنبه
maandag
چهارشنبه
woensdag
W
جمعه
vrijdag
شنبه
zaterdag
سه شنبه
dinsdag
پنج شنبه
donderdag
یک شنبه
zondag

دیروز

gisteren

امروز

vandaag

فردا

morgen

صبح

ochtend

ظهر

middag

غروب

avond

روزهای کاری

werkdagen

آخر هفته

weekend

سال
jaar

رنگین کمان
regenboog
باران
regen
برف
sneeuw
باد
wind
بهار
voorjaar
پاییز
herfst
تابستان
zomer
زمستان
winter

پیش‌بینی اوضاع جوی
....
weerbericht

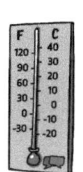

دماسنج
....
thermometer

تابش آفتاب
....
zonneschijn

ابر
....
wolk

مِه
....
mist

رطوبت هوا
....
luchtvochtigheid

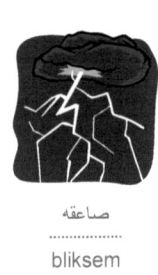

صاعقه

....

bliksem

آسمان غره

....

donder

طوفان

....

storm

تگرگ

....

hagel

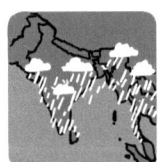

باد موسمی

....

moesson

سیل

....

overstroming

یخ

....

ijs

ژانویه

....

januari

فوریه

....

februari

مارس

....

maart

آوریل

....

april

مه

....

mei

ژوئن

....

juni

ژوئیه

....

juli

آگوست

....

augustus

سپتامبر
....
september

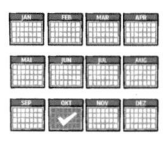

اكتبر
....
oktober

نوامبر
....
november

دسامبر
....
december

اشكال

vormen

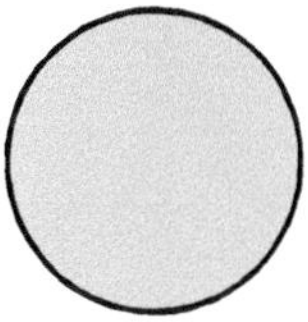

دايره
....
cirkel

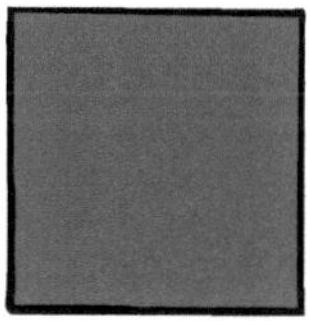

مربع
....
vierkant

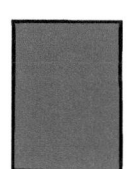

مستطيل
....
rechthoek

سه گوش
....
driehoek

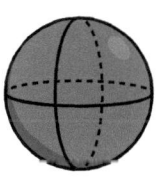

گره
....
bol

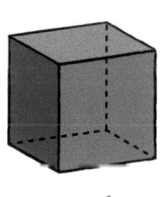

مكعب مربع
....
kubus

رنگ ها

kleuren

سفید

....

wit

زرد

....

geel

نارنجی

....

oranje

صورتی

....

roze

قرمز

....

rood

بنفش

....

paars

آبی

....

blauw

سبز

....

groen

قهوه ای

....

bruin

خاکستری

....

grijs

سیاه

....

zwart

متضاد ها
tegenstellingen

خیلی / کم
....
veel / weinig

خشمگین/ آرام
....
boos / rustig

زیبا / زشت
....
mooi / lelijk

شروع / پایان
....
begin / einde

بزرگ / کوچک
....
groot / klein

روشن / تیره
....
licht / donker

برادر / خواهر
....
broer / zus

تمیز / آلوده
....
schoon / vies

کامل / ناقص
....
volledig / onvolledig

روز / شب
....
dag/ nacht

مرده / زنده
....
dood / levend

پهن / باریک
....
breed / smal

قابل خوردن / غیر قابل خوردن

eetbaar / oneetbaar

غضبناک / مهربان

gemeen / aardig

هیجان زده / بی حوصله

opgewonden / verveeld

چاق / لاغر

dik / dun

اولین / آخرین

eerste / laatste

دوست / دشمن

vriend / vijand

پر / خالی

vol / leeg

سفت / نرم

hard / zacht

سنگین / سبک

zwaar / licht

گرسنگی / تشنگی

honger / dorst

مریض / سالم

ziek / gezond

غیرقانونی / قانونی

illegaal / legaal

باهوش / خنگ

intelligent / dom

چپ / راست

links / rechts

نزدیک / دور

dichtbij / ver

نو / استفاده شده
....
nieuw / gebruikt

هیچ چیز / چیزی
....
niets / iets

پیر / جوان
....
oud / jong

روشن / خاموش
....
aan / uit

باز / بسته
....
open / gesloten

آهسته / بلند
....
zacht / luid

ثروتمند / فقیر
....
rijk / arm

درست / غلط
....
goed / fout

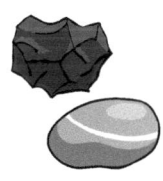

زبر / صاف
....
ruw / glad

غمگین / خوشحال
....
verdrietig / gelukkig

کوتاه / بلند
....
kort / lang

کند / تند
....
langzaam / snel

تَر / خشک
....
nat / droog

گرم / خنک
....
warm / koel

جنگ / صلح
....
oorlog / vrede

اعداد
getallen

0	1	2
صفر	یک	دو
nul	één	twee
3	4	5
سه	چهار	پنج
drie	vier	vijf
6	7	8
شش	هفت	هشت
zes	zeven	acht
9	10	11
نه	دَه	یازده
negen	tien	elf

12

دوازده

twaalf

13

سیزده

dertien

14

چهارده

veertien

15

پانزده

vijftien

16

شانزده

zestien

17

هفده

zeventien

18

هجده

achttien

19

نوزده

negentien

20

بیست

twintig

100

صد

honderd

1.000

هزار

duizend

1.000.000

میلیون

miljoen

زبان ها
talen

انگلیسی
....
Engels

انگلیسی آمریکایی
....
Amerikaans Engels

چینی ماندارین
....
Chinees Mandarijn

هندی
....
Hindi

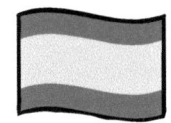

اسپانیایی
....
Spaans

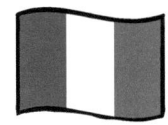

فرانسوی
....
Frans

عربی
....
Arabisch

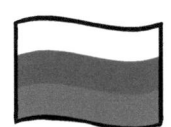

روسی
....
Russisch

پرتغالی
....
Portugees

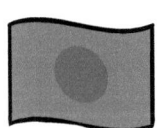

بنگالی
....
Bengalees

آلمانی
....
Duits

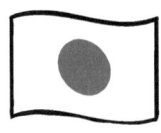

ژاپنی
....
Japans

چه کسی / چه چیزی / چگونه

wie / wat / hoe

من

ik

تو

jij

او

hij / zij / het

ما

wij

شما

jullie

آنها

zij

چه کسی؟ کی؟

wie?

چی؟

wat?

چگونه؟

hoe?

کجا؟

waar?

کِی؟

wanneer?

نام

naam

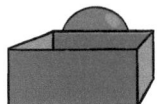

کجا

waar

پشت

achter

توی

in

جلو

voor

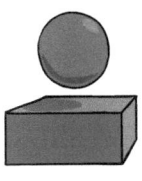

بالای

boven

روی

op

زیر

onder

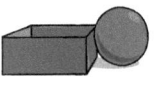

مجاور

naast

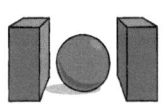

بین

tussen

مکان

plaats